Costantino Rubini

Una promessa di gioia

Costantino Rubini

Una promessa di gioia

Esercizi spirituali per giovani

Edizioni Sant'Antonio

Imprint

Any brand names and product names mentioned in this book are subject to trademark, brand or patent protection and are trademarks or registered trademarks of their respective holders. The use of brand names, product names, common names, trade names, product descriptions etc. even without a particular marking in this work is in no way to be construed to mean that such names may be regarded as unrestricted in respect of trademark and brand protection legislation and could thus be used by anyone.

Cover image: www.ingimage.com

Publisher:
Edizioni Accademiche Italiane
is a trademark of
International Book Market Service Ltd., member of OmniScriptum Publishing Group
17 Meldrum Street, Beau Bassin 71504, Mauritius

Printed at: see last page
ISBN: 978-613-8-39152-4

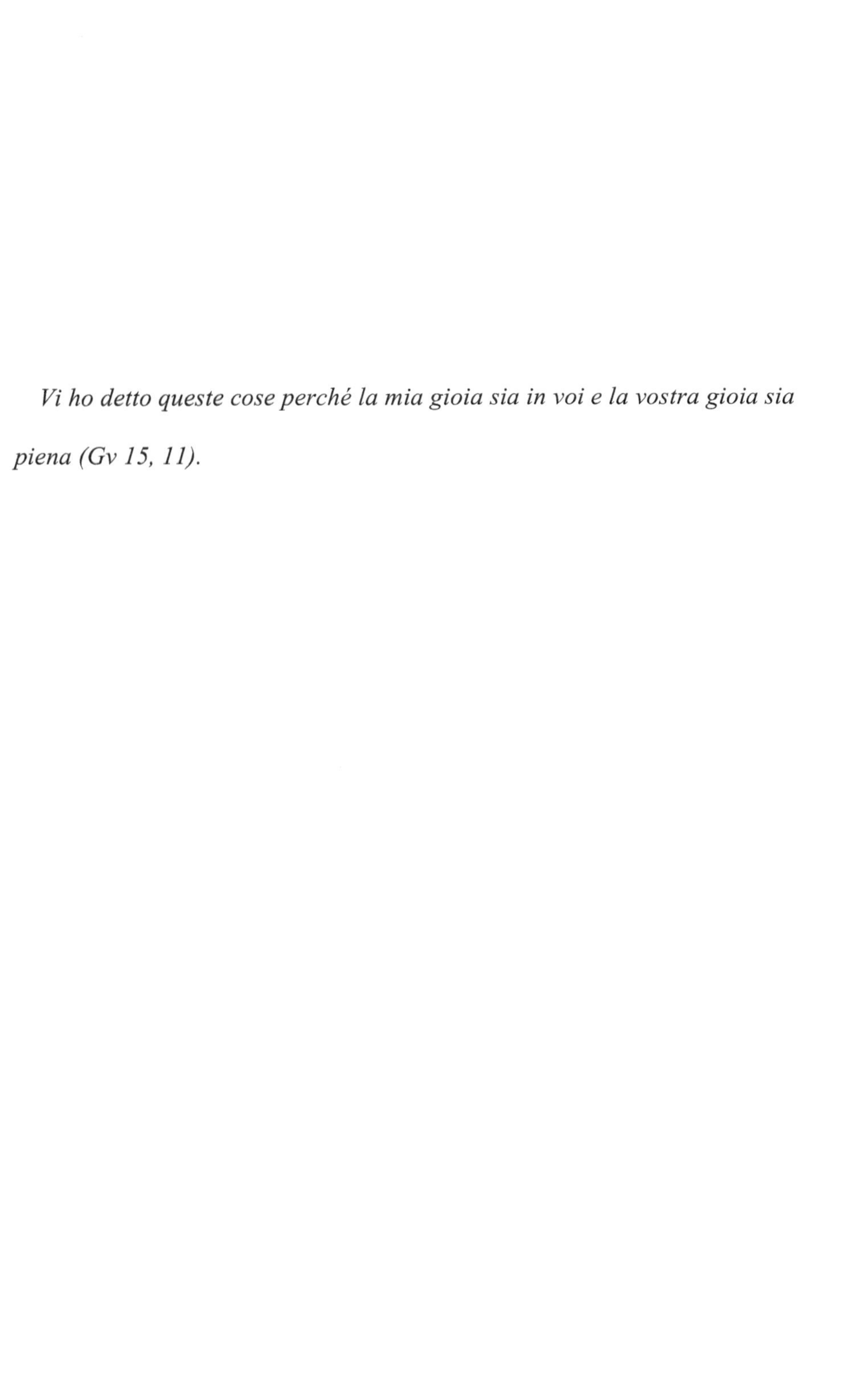

Vi ho detto queste cose perché la mia gioia sia in voi e la vostra gioia sia piena (Gv 15, 11).

INDICE

CONSIGLI PER L'USO

Le meditazioni contenute in questo testo, pur se pensate per un corso di esercizi spirituali per giovani di Azione Cattolica, possono essere utilizzate anche come lettura spirituale o come pista di riflessione per un'esperienza di "ritiro" personale. Di certo è consigliabile fare gli esercizi spirituali in una forma comunitaria, con una persona che possa accompagnarvi in questo percorso, ma se ciò non fosse possibile, ho alcuni consigli da darvi per utilizzare al meglio questo libro.

Dopo aver letto con calma la meditazione, una alla volta, sostate in preghiera un tempo prefissato[1]. Si tratta di una fase importantissima del processo interiore che si mette in moto con gli esercizi spirituali. Questo è il tempo in cui i protagonisti siete voi e lo Spirito Santo; la preghiera a cuore a cuore permetterà a Dio di incidere realmente nella vostra vita, incominciando proprio dal vostro mondo interiore. Questa fase di meditazione personale la chiameremo "deserto". Nella Bibbia il deserto è il luogo in cui Dio conduce il suo popolo per *parlare al suo cuore*, come si legge nel capitolo secondo del libro del profeta Osea. Un luogo di silenzio esteriore (scegliete un posto isolato, anche a

---

[1] Questo percorso di esercizi spirituali è stato pensato per essere svolto in tre giorni. Scegliete voi il ritmo che volete darvi, facendo attenzione a non dilatare troppo il tempo o a contrarlo in modo eccessivo (tutto in una giornata). Naturalmente, potete utilizzare questo libro anche come lettura spirituale e leggerlo tutto d'un fiato.

casa, e conservatelo per tutto il deserto) e interiore (non lasciatevi distrarre dai tanti pensieri, anche banali, che attraversano il vostro intimo). Per orientarvi nel "deserto" vi ho preparato una "mappa" per ogni meditazione; si tratta di una scheda che vi aiuterà a non perdervi in questo luogo dagli orizzonti sconfinati. Le schede per ogni meditazione si trovano in appendice al testo. Per iniziare il deserto scegliete, dunque, un posto tranquillo dove poter assumere una posizione comoda, leggete lentamente la scheda e sostate lì dove il vostro cuore vibra, dove Dio vi sta parlando suscitando sentimenti che solo lui può far emergere. Di norma si sceglie di vivere un'ora di "deserto", un tempo cui bisogna cercare di essere fedeli. Bisogna fare molta attenzione al tempo della meditazione personale, poiché si può aver pregato per cinquanta minuti e così pensare di aver fatto abbastanza, mentre proprio negli ultimi dieci minuti restanti può giungere quella parola di vita, quella consolazione, quella chiarezza salvifica che si attendeva. In forma comunitaria, dopo il deserto, si condivide la propria esperienza di preghiera in una sorta di "oasi", in un piccolo gruppo in cui ognuno può dire ciò che ha vissuto. Si tratta di un passo importante sia per "rinfrescare" il proprio cuore aprendolo agli altri sia perché la parola che Dio ha donato a ciascuno possa essere ricchezza e gioia condivisa. Se si è da soli, invece, è bene alla fine del deserto scrivere anche poche righe di ciò che d'importante si è vissuto nel deserto. Nel testo non troverete note, se non i riferimenti biblici, poiché ho voluto mantenere lo stile discorsivo di una meditazione, pur avendo consultato testi esegetici e di spiritualità.

Buon cammino!

Introduzione

Se avete deciso di iniziare questo percorso di esercizi spirituali, vorrei ricordare a ciascuno di voi che siete stati chiamati dal Signore a vivere un incontro personale con lui; siete stati chiamati a sperimentare il suo amore. Egli è il protagonista indiscusso di quest'incontro, a voi tocca predisporre e orientare il vostro cuore per accogliere il dono di gioia che vorrà farvi.

Predisporre il cuore non è sempre facile, poiché ognuno di noi porta dentro di sé un bagaglio storico ed emotivo, si trova in un tempo unico della propria vita con delle situazioni che lo coinvolgono: esse possono riguardare la famiglia, gli amici, gli affetti, la fede, le speranze, il futuro, le paure e tutta la gamma di sentimenti che ci portiamo nel cuore. Tutto ciò può generare dei timori o delle aspettative troppo elevate che possono poggiare unicamente sui possibili sforzi che farete; oppure, in modo opposto, si potrebbe presentare un senso di disillusione che svuota ogni impegno o entusiasmo nella convinzione che tanto non cambierà mai nulla. Vi suggerisco, dunque, di rispondere a questa domanda: con quale "bagaglio" entro in questi esercizi spirituali? È bene mettere davanti a Dio il vostro stato d'animo, con libertà e verità. In qualunque situazione voi siate, però, ricordatevi che Dio vi ha chiamati a vivere questo percorso di esercizi spirituali non per riprendervi o per correggere qualcosa di voi, ma principalmente per darvi vita, per stringere la vostra relazione con lui, per darvi energia, per amarvi di quel amore che non conosce ostacoli, e quindi di conseguenza darvi forza e coraggio per realizzare il vostro progetto di vita.

Il titolo del nostro percorso ci indica immediatamente l'orizzonte verso cui dirigeremo i nostri passi. La promessa di gioia che Gesù ci fa si situa in una promessa originaria, l'intera Creazione ha come fondamento proprio la gioia, non il male e il non senso, ma la gioia: *dal principio siamo stati fatti per la gioia*. Il mondo non va guardato con sospetto, segnato dal male e dal peccato da sconfiggere, ma piuttosto con "simpatia" nella sua bontà, nella sua dimensione di gioia piena. Il peccato entra in seguito nella Creazione e lo stesso Figlio di Dio non s'incarna principalmente per restaurare la Creazione deturpata dal peccato, ma piuttosto per portarla a un compimento, a una pienezza. Gesù è maestro di vita, maestro di una vita buona e felice.

Scoprire qual è il segreto che Gesù ci ha consegnato per la felicità è essenziale. Se è vero, come noi cristiani crediamo, che il Signore della Creazione, il verbo di Dio si è fatto carne ed è venuto ad abitare in mezzo a noi, ciò che è venuto a dirci non può che essere fondamentale per la nostra esistenza, essenziale proprio per quel bisogno di felicità inscritto nelle profondità del nostro cuore. Scoprire che nel Vangelo di Giovanni, Gesù ci dice attraverso poche parole un segreto affinché la sua gioia sia in noi e la nostra gioia sia piena, può cambiarci davvero la vita.

Come il Padre ha amato me, anch'io ho amato voi. Rimanete nel mio amore. Se osserverete i miei comandamenti, rimarrete nel mio amore, come io ho osservato i comandamenti del Padre mio e rimango nel suo amore. Vi ho detto queste cose perché la mia gioia sia in voi e la vostra gioia sia piena (Gv 15, 9-11).

Cercheremo in questo percorso di rimanere nel suo amore, prima di tutto facendone esperienza; solo l'amore sperimentato, compreso, ci spinge a rimanere nel suo amore, come capitò all'apostolo Giovanni. Vogliamo rimanere nel suo amore affinché la stessa gioia che Gesù ha vissuto sia in noi, una gioia che finalmente possiamo sentire come piena e duratura anche di fronte alle difficoltà della vita.

La gioia, infatti, nella sofferenza sembra sciogliersi come neve al sole, come rugiada alle prime luci dell'alba. È possibile, dunque, custodire la gioia nella sofferenza? Domanda ardua, cui cercheremo di rispondere guardando proprio l'umanità di Gesù. Intanto, non dimentichiamolo mai, Gesù ci invita ad andare da lui con tutte le nostre oppressioni, con tutto il peso di sofferenza che ci portiamo nel cuore:

Venite a me, voi tutti che siete stanchi e oppressi, e io vi darò ristoro. Prendete il mio giogo sopra di voi e imparate da me, che sono mite e umile di cuore, e troverete ristoro per la vostra vita. Il mio giogo infatti è dolce e il mio peso leggero (Mt 11, 28-30).

Predisponiamo il nostro cuore a cercare Gesù, lui ci ha chiamato (*venite a me*) con tutto il nostro carico di fatica, di oppressione che la vita ci ha dato, per trovare ristoro, gioia, felicità. Gesù ci assicura che non ci darà altri pesi da portare, piuttosto farà in modo che quello che grava sul nostro cuore diventi più leggero: *il suo giogo è dolce il suo peso è leggero*. Impariamo a vivere da lui, egli è il nostro maestro, ad essere felici nella vita concreta, anche nelle sofferenze che stiamo attraversando.

Ci eserciteremo ad aprire il cuore a questa voce che viene dall'alto e ci chiama "amato/a". Dobbiamo far memoria che tutto parte da un rapporto personale con Cristo Gesù: tutto parte ed è sostenuto dai gesti d'amore che ci scambiamo con il Signore della vita. Una nuova vita ci è stata donata in questo rapporto con lui, una vita che vogliamo percepire dentro di noi come "potenza" capace di cambiare noi stessi e questo mondo.

Vi ricordo, ancora, che iniziando questo percorso entrate in un tempo di grazia cui Dio stesso vi ha chiamato. Il Signore agirà con un amore forte e delicato, ma noi dobbiamo renderci disponibili alla sua azione. Il cuore dell'uomo è difficilmente raggiungibile dalla felicità. Il corpo sì, può essere più facilmente raggiunto dalla felicità, si possono conquistare grandi beni ma non è detto che il cuore sia felice. Ci vuole un contatto intimo con il cuore, con l'interiorità, con i desideri più profondi, per essere veramente felici, questo ha bisogno di tempo, per questo ci “ritiriamo” per vivere con calma questo percorso di ascolto di Dio e di noi stessi.

La ricerca della felicità

"Una promessa di gioia", titolo di questo ritiro, richiama ciascuno di noi a riscoprire la propria identità in un orizzonte di gioia. La Creazione intera ha come fondamento la gioia e non il dolore e il non senso, una gioia che lo stesso Cristo Gesù ha sperimentato e promesso.

L'essere umano, d'altronde, sente profondamente in se stesso questo richiamo a una realizzazione del suo essere proprio nella felicità. La stessa Dichiarazione d'indipendenza degli Stati Uniti d'America del 4 luglio 1776 rivendica, come diritto naturale, proprio la ricerca della felicità: *A tutti gli uomini è riconosciuto il diritto alla vita, alla libertà e al perseguimento della felicità*. Si tratta di un diritto naturale garantito a ciascun individuo. Il problema, poi, rimane come ottenere questa felicità, giacché viviamo in un tempo in cui ogni cosa sembra legata al possesso e al consumo. Richard Easterlin, docente di economia presso l'Università della California, parla, appunto, del "paradosso della felicità": *l'aumento della ricchezza non produce effetti duraturi sul benessere delle persone*. Più precisamente, quando aumenta il reddito, la felicità umana aumenta fino ad un certo punto, poi diminuisce gradualmente seguendo una curva ad u rovesciata <∩>. Se è vero, come cantava Luca Carboni, che *i soldi non danno la felicità, ma immagina un po' chi non li ha*, è evidente che legare la gioia al proprio grado di benessere economico è evidentemente falso.

Papa Francesco nella sua lettera per la conclusione del Giubileo della Misericordia, scrive:

In una cultura spesso dominata dalla tecnica, sembrano moltiplicarsi le forme di tristezza e solitudine in cui cadono le persone, e anche tanti giovani. Il futuro infatti sembra essere ostaggio dell'incertezza che non consente di avere stabilità. È così che sorgono spesso sentimenti di malinconia, tristezza e noia, che lentamente possono portare alla disperazione. C'è bisogno di testimoni di speranza e di gioia vera, per scacciare le chimere che promettono una facile felicità con paradisi artificiali. Il vuoto profondo di tanti può essere riempito dalla speranza che portiamo nel cuore e dalla gioia che ne deriva. C'è tanto bisogno di riconoscere la gioia che si rivela nel cuore toccato dalla misericordia. Facciamo tesoro, pertanto, delle parole dell'Apostolo: "Siate sempre lieti nel Signore" (Fil 4, 4; cfr 1 Ts 5, 16).

C'è bisogno di testimoni di speranza e di gioia vera, e i testimoni sono coloro che hanno fatto esperienza di ciò che dicono. Saremo testimoni credibili solo se la nostra vita sarà toccata e formata dalla gioia che il Signore ci ha promesso. Una gioia che diviene la nostra forza, la nostra capacità d'incidenza sulla nostra vita e sul mondo intero, come ci ricorda il libro del profeta Neemia: *Questo giorno è consacrato al Signore nostro Dio; non fate lutto e non piangete!*

Perché questo giorno è consacrato al Signore nostro; non vi rattristate, perché la gioia del Signore è la vostra forza (Ne 8, 9-10).

Addentriamoci nel tema del nostro percorso attraverso una riflessione più ampia sulla gioia come esperienza umana, per poi approfondire il modo in cui Gesù l'ha vissuta e la propone a noi.

La gioia è un'esperienza fondamentale e universale dell'essere umano, forse non sempre la sappiamo esattamente definire, ma tutti ne abbiamo una conoscenza. Nella gioia noi viviamo un "vertice" dell'esistenza, in essa noi avvertiamo la "positività" del vivere, che la vita vale la pena di essere vissuta. La vita in sé, per quel che è, non per quel che abbiamo, vale la pena di essere vissuta. Non sempre la gioia per emergere ha bisogno di un oggetto, di un evento specifico che la susciti (la visita di un amico, la nascita di un figlio, etc.), ma può emergere dentro di noi per ciò che stiamo sperimentando interiormente, poiché gioia significa armonia con se stessi. La gioia è un'esperienza di pienezza, ci si sente pieni, ricolmi, non più dispersi o perduti, ma presenti a se stessi. Notate, proprio quando ci si lascia andare, ci si abbandona a quell'evento che dà gioia o a quel sentire interiore, lì ci si percepisce integri, uniti con se stessi, ci si sente nella pienezza, in una sorta di equilibrio armonico.

The Walk, un film di qualche anno fa, racconta la storia di Philippe Petit un giovane francese con la passione per il funambolismo che, dopo aver letto su una rivista della costruzione delle *Twin Towers del World Trade Center* di New

York, concepisce l'idea di camminare tra le due torri attraverso un cavo sospeso ad oltre quattrocento metri di altezza senza alcuna cintura di sicurezza. Philippe, in modo rocambolesco, arriva a realizzare la sua impresa, ma quando si trova davanti agli ultimi metri per completare la sua "passeggiata" nel vuoto, sente un senso d'insoddisfazione e ritorna indietro verso la torre dalla quale era partito. La sua "passeggiata" si protrae per molto tempo, rimane a camminare nel vuoto per più di quarantacinque minuti con i poliziotti impossibilitati a fare qualsiasi cosa per fermarlo, ma contemporaneamente esterrefatti per ciò che stavano contemplando. Il giovane, inoltre, non si limita solo a camminare, ma s'inginocchia per salutare la città di New York e il suo pubblico come segno di ringraziamento. Philippe arriva a fare la cosa che un funambolo non dovrebbe mai fare, si ferma e si siede sul cavo per poi guardare giù; giunge persino a distendersi al centro del filo per contemplare il cielo. L'impresa è commentata nel film dai pensieri di Philippe: passata la paura iniziale e un momento di difficoltà, egli sente in tutto il suo essere di essere centrato, di essere in equilibrio, di essere un tutt'uno, avverte una grande gioia e bellezza che trasmette anche ai poliziotti attoniti e affascinati da ciò che stava accadendo davanti ai loro occhi. Come per Philippe, l'esperienza di felicità è trovare dentro di noi quel vertice, quel centro di equilibrio che ci fa sentire in armonia con noi stessi e l'universo intero. La gioia non è soltanto un'esperienza personale, ma essa può divenire il fondamento della comunione, dello stare insieme: la gioia si apre alla dimensione della festa. La "festa", infatti, è la gioia condivisa, è la gioia di essere insieme, qualsiasi sia il motivo specifico per cui si fa festa. Nell'antichità si parlava della domenica come *dies festivissimus*, giorno in cui la gioia della risurrezione è ancor più grande perché la si condivide con gli altri, rendendo ancor più bello il giorno domenicale. Per molte persone la domenica è, invece, un fatto personale, un precetto, un dovere, altro che gioia e per di più condivisa. In più, dobbiamo fare attenzione che la domenica non si riduca al giorno del fare piuttosto che del condividere, giorno delle mille attività piuttosto che giorno della gioia condivisa, della "festa".

Nell'esperienza umana della gioia c'è una sorta di rivelazione: ci viene mostrato qualcosa di importante, direi fondamentale, nel senso di fondante. La gioia la possiamo intendere, quindi, come una rivelazione del senso della vita. Essa non è solo un sentimento, una condizione, ma una specie di manifestazione del mondo. Nella gioia c'è una scoperta che diviene per noi rivelazione: il mondo si svela a noi nella sua bellezza, che magari prima non vedevamo, ma da quella prospettiva, da quell'evento, da quell'incontro ecco che s'illumina tutto. Pensate all'esperienza dell'innamoramento che arriva a trasfigurare un giovane che magari era triste, chiuso e che dalla lente della persona amata vede il mondo come bello e portatore di gioia. Nella gioia c'è sempre una rivelazione di senso e l'innamoramento ne è un esempio, anche se forse il più semplice e passeggero poiché c'è una sorta di sopravvalutazione dell'oggetto. Nel crescere, però, scopriamo che realmente la gioia cambia il modo di vedere il mondo e noi stessi: l'esperienza della gioia ci apre alla gratitudine, diventiamo grati di quello che vediamo e sperimentiamo. Se nel cuore del Vangelo, della fede cristiana, c'è la gioia, non è un caso che è centrale l'Eucaristia che è ringraziamento per il dono di Cristo Gesù, del Figlio, ed anche per i doni che abbiamo ricevuto in lui e per lui. Il filosofo Theodor Adorno lo dice in questo modo: *il solo rapporto della coscienza alla felicità è la gratitudine. L'esperienza della gioia ci pone in un'attitudine di riconoscimento, di riconoscenza di gratitudine, ci apre ad una dimensione eucaristica.*

Le persone amare, scontente, mai felici, non sentono di dover ringraziare per nulla, sono costantemente in uno stato di malevolenza, sempre in credito con tutti e tutto. Di certo non sempre è facile ringraziare per ciò che la vita ci pone davanti, ciascuno di noi nei momenti più bui fa fatica a ringraziare, ma un'esperienza elementare umana di gioia, di ringraziamento, non dobbiamo mai dimenticarla: il saluto. Nelle varie lingue delle varie culture, il modo in cui si esprime il saluto richiama spesso alla gioia. Vediamo che nel greco si dice *kaire*, che significa rallegrati, gioisci, è un saluto ma anche un augurio; si tratta proprio del saluto che riceve Maria dall'angelo Gabriele, tradotto poi in modo riduttivo con Ave. Oppure, prendiamo la forma biblica semitica *shalom*, che è una sorta di benedizione, invocazione di pace, di benessere. Si tratta di esprimere la gioia, la gratitudine per l'altro che incontro, una gioia che è anche augurio di bene e felicità.

Notiamo, ancora, che la scrittura ci ricorda che la sede della gioia è il cuore, inteso come unità della persona. La gioia è, dunque, l'espressione della totalità della persona, ha la capacità di radunare corpo e spirito in un'unica espressione di pienezza umana. Va ricordato questo elemento di unità quando nel Vangelo scorgiamo la gioia di Gesù, quando ci viene presentato un Gesù pieno di gioia ed esultanza che si rivolge al Padre dicendogli qualcosa che aveva compreso profondamente:

In quella stessa ora Gesù esultò di gioia nello Spirito Santo e disse: Ti rendo lode, o Padre, Signore del cielo e della terra, perché hai nascosto queste cose ai sapienti e ai dotti e le hai rivelate ai piccoli. Sì, o Padre, perché così hai deciso nella tua benevolenza (Lc 10, 21).

Vi è l'interezza della persona di Gesù di fronte a questa rivelazione che lo riempie di gioia. Sono i piccoli, i semplici che arrivano a comprendere il messaggio del Vangelo in pienezza, categoria di cui egli stesso si sente parte.

Tante sono le esperienze della gioia che la Scrittura ci racconta. Pensate al *Cantico dei Cantici* in cui si parla del giorno della *gioia del suo cuore* (Ct 3, 11); si tratta della gioia per le nozze, della gioia per la bellezza dell'amato agli occhi dell'amata e viceversa. La bellezza è sempre una promessa di felicità perché apre il cuore umano verso un orizzonte, una promessa, una prospettiva di grande positività: la bellezza dà gioia e significato alla vita umana. Non pensate alla ricerca di bellezza come atteggiamento esteriore, ma piuttosto a quell'esperienza di bellezza che riempie il cuore, che spinge a vivere il bene. L'esperienza della bellezza, quella vera, non genera il bisogno di possedere, fagocitare, ma, piuttosto, apre il cuore alla gratuità, all'infinito, alla tenerezza. *La bellezza salverà il mondo*, così scriveva Dostoevskij, la bellezza rende il cuore bello e aperto al bene. Peppino Impastato, giovane siciliano ucciso dalla Mafia vicino Palermo nel 1978, così parlava del bisogno di bellezza:

Se s'insegnasse la bellezza alla gente, la si fornirebbe di un'arma contro la rassegnazione, la paura e l'omertà. All'esistenza di orrendi palazzi sorti all'improvviso, con tutto il loro squallore, da operazioni speculative, ci si abitua con pronta facilità, si mettono le tendine alle finestre, le piante sul davanzale, e presto ci si dimentica di com'erano quei luoghi prima, ed ogni cosa, per il solo fatto che è così, pare dover essere così da sempre e per sempre. È per questo che bisognerebbe educare la gente alla bellezza: perché in uomini e donne non s'insinui più l'abitudine e la rassegnazione ma rimangano sempre vivi la curiosità e lo stupore.

Un successivo elemento lo possiamo trovare nella gioia del banchetto, del mangiare insieme, del piacere di condividere il pasto. Buona parte della vita di Gesù, che i Vangeli ci offrono, si svolge intorno ad una tavola, come testimonianza di un'umanità capace di convivialità. Gesù mangiava insieme a persone eventualmente molto simpatiche, ma anche con caratteristiche che rendevano arduo condividerne il cibo: peccatori, pubblicani, etc. Scorgiamo in questa semplice convivialità umana la gioia del banchetto che si apre al perdono, quella gioia che crea comunione che dispone le persone al bene e all'accoglienza. Possiamo ricordare brevemente il film *Il pranzo di Babette* (indicato da Papa Francesco come il suo film preferito) in cui una rinomata *Chef* francese per ragioni politiche deve rifugiarsi in un paesino della Danimarca. Si troverà a dover affrontare chiusure e risentimenti degli abitanti del luogo, superati grazie al clima di gioia, di accoglienza e di perdono che si sprigioneranno gradualmente durante il pranzo di una bontà mai sperimentata dai commensali. Non va tralasciato che Babette preparerà questo pranzo con materie prime pregiate e costose, pagate con soldi che aveva messo da parte per tornare finalmente a casa poiché il pericolo era cessato. Le cose buone per nascere e crescere hanno bisogno di tempo, la convivialità e la gioia come il buon cibo ha bisogno di tempo, potremmo pensare che insieme allo *Slow food* dovremmo coltivare anche la *Slow faith*.

Vorrei terminare questa parte sull'esperienza della gioia umana, facendo una distinzione tra gioia e divertimento, non perché sia dannoso divertirsi ma, piuttosto, perché il divertimento non sempre si apre alla gioia. Esso può essere vissuto come una "distrazione" dalle cose importanti, un banalizzarsi, un divertimento che non fa fare esperienza di gioia, di presenza a se stessi, ma piuttosto vuole annullare la propria identità che risulta pesante ed infelice, riducendola ad oggetto di consumo. La gioia costruisce, questo tipo di esperienza distrugge e non ha nessuna promessa di felicità. La distrazione, inoltre, allontana da quel sentimento sano di tristezza che ci aiuta ad andare nel profondo di noi stessi per aprirci poi alla gioia. Un segno preoccupante della marginalizzazione della tristezza è la crescente diffusione tra adolescenti e giovani dell'"alessitimia" (letteralmente non avere le parole per le emozioni), cioè dell'incapacità di riconoscere ed esprimere il proprio vissuto affettivo, una situazione di cronica freddezza e superficialità. Eppure la tristezza è parte della vita e aiuta a coglierne la sua ricchezza di sfumature e far emergere la gioia (tema espresso in modo divertente e profondo dal film *Inside Out* del 2015). Eliminare la tristezza significa precludersi la possibilità di accedere ai sentimenti e atteggiamenti a essa speculari, come la gioia, la pace, la creatività, il gusto di vivere, e persino a compiere con prontezza il bene. Ha scritto lo psichiatra A. Frances: *Se non riusciamo a sopportare la tristezza, non siamo neanche in grado di essere felici.*

Dopo aver parlato della gioia come esperienza umana, incominciamo ad addentrarci in quella che è stata l'esperienza di Gesù della gioia, della felicità, che nella prossima meditazione completeremo.

Ci aprono a questo discorso le parole del patriarca di Costantinopoli Athenagoras, che in un libro intervista afferma:

Forse ai padri è sfuggito qualcosa: l'umanità così semplice di Gesù. Ripensiamo al Vangelo di Marta e Maria: Ora Gesù amava Marta, Maria, sorelle di Lazzaro. Gli piaceva andare a riposare presso i suoi amici. Gesù anche andando verso la croce ha sentito il bisogno di fermarsi tra i suoi amici, di gustare ancora una volta quell'amore umano.

Ci soffermeremo, proprio, su questa dimensione della gioia appartenuta all'umanità semplice di Gesù. Lo facciamo ponendoci subito una domanda: la vita di Gesù è stata una vita felice? Ha perseguito la felicità Gesù nel suo vivere? Enzo Bianchi ex priore del monastero di Bose, uomo di profonda spiritualità e umanità, scrittore, avrebbe risposto che *Gesù ha avuto una vita buona bella e felice*. Ricordo ancora quando da giovane seminarista ci diceva che andava in giro per l'Italia affermando che Gesù ha avuto una vita "buona bella e felice" ma questa idea faceva fatica a essere accettata; si era ancora radicati nella predicazione di un Gesù cupo che non aspettava altro che la croce e la morte.

I Vangeli ci parlano di un Gesù che certamente ha provato angoscia, paura, tristezza, ira, sdegno, amarezza, ma ha anche saputo giubilare, esultare, gioire. Gesù ha pianto, ma ha anche gioito. Certamente Gesù ha conosciuto le gioie dell'amicizia con Lazzaro e le sue sorelle, con i discepoli, ma per affermare che Gesù ha vissuto e ha realizzato una vita felice dobbiamo percorrere un'altra strada, iniziando da questa considerazione: Gesù a un certo punto della sua vita proclama le beatitudini, sono, esse, un esercizio meditativo, una riflessione filosofica o un insegnamento? Indubbiamente sono anche un insegnamento, una dottrina ma Gesù le pronuncia innanzitutto da un suo vissuto, da un'esperienza personale che ci apre una finestra sulla sua vita interiore. Gesù, se proclama che si può essere beati, felici in una condizione di dolore è solo e unicamente perché delle beatitudini ne ha vissuto e sperimentato la reale possibilità. Prima di essere un'esortazione, i testi delle beatitudini sono una rivelazione, ci dicono chi è Gesù: egli è l'uomo delle beatitudini che prima di tutto parla di se stesso, della sua personale esperienza di gioia.

La felicità di Gesù (anticipiamo un po' cosa arriveremo a dire) sta nel come lui vive la relazione con il Padre, il suo vivere nello spazio del Padre. La coscienza della sua filialità ha accompagnato il suo cammino umano, ha scandito la sua preghiera.

È interessante, prima di procedere oltre, soffermarci un attimo sull'etimologia della parola felicità. Essa viene da una radice indo-europea "Fe" che designa fecondità, e che troviamo anche in "femmina" che dice generare, dare frutti, nutrire, vita, pace (pace in ebraico si dice *shalom*: parla della salute fisica, dei buoni rapporti con gli altri, della pace tra nazioni e del benessere sul piano economico e sociale), abbondanza. Tutte immagini attinenti alla felicità. Se ci pensate bene, la felicità non la si "ha", ma nella felicità piuttosto si "è". La felicità è l'esperienza di essere circondati, avvolti, forse come essere dentro un grembo materno, è l'essere dentro. Siccome ci stiamo bene non ci riflettiamo più di tanto, siamo contenti di essere nella gioia, ne siamo grati. Nel grido di giubilo di Gesù in (Lc 10, 21-22) possiamo scorgere proprio questa esperienza. Gesù nello Spirito Santo è immerso nella gioia, sente di dover ringraziare il Padre perché ha nascosto queste cose ai sapienti e ai dotti e le hai rivelate ai piccoli. Ebbene, in questo grido di giubilo Gesù canta, grida la relazione che lo unisce all'*Abba*, al Padre suo, cui sempre si è rivolto con estrema fiducia, nutrendo un rapporto d'intimità che gli ha dato forza, che gli ha dato discernimento, che gli ha dato consolazione; è come se Gesù riconoscesse la sorgente della sua felicità nella relazione con il Padre, che lo nutre e lo aiuta ad interpretare ed integrare nella sua vita anche i fallimenti. Questo testo viene dopo i risultati diciamo "scarsissimi" della sua predicazione, dove attraverso la preghiera Gesù arriva a integrare anche il fallimento e l'insuccesso: è il luogo dove l'essenziale ci viene mostrato. Noi attraverso la nostra vita, la realtà della nostra esistenza composta dai suoi molteplici aspetti, con le sue relazioni, speranze e insuccessi, diventiamo un po' più cristiani, più evangelici. Lì si trova l'importanza straordinaria anche dell'insuccesso, anche degli ostacoli che troviamo sulla nostra strada (tra cui anche il nemico), che ci danno dolore e ci possono amareggiare. Probabilmente, spesso, sono proprio questi momenti difficili, che ci mettono in crisi, che ci fanno dubitare di noi stessi, di quello che abbiamo fatto, che ci potrebbero portare a dire: "allora ho sbagliato tutto, non sono all'altezza, cambio mestiere, me ne vado, abbandono". Forse sono proprio questi momenti in cui possiamo maggiormente assumere la realtà come qualche cosa che ci lavora dal di dentro e ci porta a convertire la nostra vita, a mutare il nostro cuore e metterlo sulle tracce di Gesù. La realtà diviene così maestra di vita, non è una produzione delle nostre illusioni, ma proprio attraverso le sue resistenze siamo lavorati dal di dentro in modo positivo, permettendoci di emergere per quel che siamo. Le resistenze ci obbligano a mutare i nostri desideri, ci fanno capire che la realtà è differente da come noi la sogniamo e, dunque, ci obbligano a fare un lavoro su noi stessi, un lavoro interiore, ci obbligano a fare un cammino, una conversione. Da questo punto di vista quello che noi chiamiamo "insuccesso" può essere importantissimo, molto più di tanti successi che ci confermano nell'idea distorta di noi stessi. Ci può essere beatitudine anche nell'insuccesso, anche nella persecuzione quando di fronte a situazioni in cui siamo "ingiustamente" osteggiati, messi da parte, criticati, contestati, accettiamo questa situazione, la cogliamo come occasione per rendere il nostro cuore più simile a quello di Gesù che era il servo, l'agnello, il giusto ingiustamente condannato e che cammina liberamente e per amore verso la croce. Questo è liberante, è efficace, questa è azione di Dio su di noi. Così possiamo incominciare a cogliere come Gesù vivendo la sua felicità, nutrendola di questa relazione con il Padre attraverso la preghiera, arriva anche a comprende che la grande gioia è nel donare.

La gioia di Gesù

Nella meditazione precedente ci siamo addentrati nella gioia dal punto di vista umano, non solo come sentimento ma come manifestazione di un "vertice della vita". Ci siamo chiesti se Gesù ha davvero vissuto la gioia nelle sue varie dimensioni, introducendo il discorso delle beatitudini come sua esperienza di felicità vissuta anche nelle situazioni difficili, ingiuste e dolorose. Abbiamo, infine, introdotto il punto nodale, il segreto della felicità di Gesù che si situa nella sua relazione con il Padre che gli permette, nella preghiera, di integrare e trasformare anche i fallimenti e gli insuccessi. Da questo punto di vista, quello che noi chiamiamo insuccesso può essere importantissimo, molto più di tanti successi che ci confermano nell'idea di noi stessi. C'è beatitudine anche nell'insuccesso, nella persecuzione, quando accettiamo questa situazione e la cogliamo come occasione per rendere il nostro cuore più simile a quello di Gesù che cammina liberamente per amore, verso la croce: il suo aprirsi alla vita, agli altri, senza riserve è la strada della sua gioia.

Nel libro degli Atti degli apostoli leggiamo: *In tutte le maniere vi ho mostrato che i deboli si devono soccorrere lavorando così, ricordando le parole del Signore Gesù, che disse: "Si è più beati nel dare che nel ricevere!"* (At 20, 35). Vi è più gioia nel dare che nel ricevere, questa può essere la sintesi di tutto il Vangelo. Ci troviamo al cuore dell'esperienza di gioia di Gesù, che si cristallizza in una serie di detti; basti pensare: *chi vuole salvare la propria vita, la perderà; ma chi perderà la propria vita per causa mia, la troverà* (Mt 16, 25); oppure nel Vangelo di Luca: *Chi cercherà di salvare la propria vita, la perderà; ma chi la perderà, la manterrà viva* (Lc 17, 33). C'è una gioia in questo abbandonarsi, in questo aprirsi alla vita, alla realtà, che non ci fa perdere noi stessi ma, piuttosto, è proprio il momento esatto in cui ci troviamo. Possiamo parafrasare questi versetti dicendo: "chi vuole tenere la propria vita chiusa la perderà, chi la dona la troverà con tutto il suo carico di felicità".

Gesù vive questa felicità come gratitudine che esprime e gusta, alla presenza di un Dio che costantemente ama e fa i suoi doni. Pensate al testo del Vangelo in cui Gesù di fronte alla Creazione assume uno sguardo stupito, ammirato, accogliente che sa discernere anche nell'uccello e nei fiori la presenza di Dio (cfr. Mt 6, 25-33). È un'attitudine di profonda serenità, di pace, di gioia che si apre alla gratitudine.

La felicità di Gesù è anche rinuncia alle pretese di felicità false degli idoli, è esercizio, è rinuncia, rifiuto delle illusioni di felicità nell'accaparramento dei beni, nella violenza, nella menzogna; è un esercizio di vita, o utilizzando un termine antico è un'"ascesi". Ci esercitiamo su tutto, ma non ricordiamo che vivere la vita nella sua profondità, nel suo senso pieno di gioia chiede impegno.

L'ascesi per la gioia tende all'essenziale, ci porta a intraprendere un cammino di essenzialità. Non si tratta di qualcosa di semplice e immediato, dato che ci obbliga a riconoscere, innanzitutto, ciò che è davvero necessario e ciò che è superfluo, per poi andare davvero a ciò che è irrinunciabile, ciò che è veramente essenziale. In questo cammino di essenzialità anche le situazioni di contraddizione, d'inimicizia, anche gli insuccessi, gli sbagli, possono essere il grande tesoro che abbiamo a disposizione. Si tratta di avere chiaro perché si vive la vita cristiana in tutte le condizioni di vita: per seguire Cristo e diventare un pochino più simile a lui. Possiamo fare le cose più belle e meravigliose, ma se perdiamo l'essenziale, il cuore, l'assimilazione della vita di Gesù alla nostra, dove c'è il segreto della gioia, perdiamo di vista il necessario, perdiamo la possibilità di una vita creativa, di una vita felice. Non me ne vogliate, ma desidererei leggervi una pagina del mio libro *Creazione ultima frontiera*, siccome non trovo il modo migliore per parlarvi della sobrietà creativa secondo l'enciclica di papa Francesco *Laudato si'*:

C'è, però, un ulteriore aspetto creativo della vita umana che, questa volta, interpella ciascuno di noi ad assumere uno stile di vita sotto il segno della sobrietà creativa. Parlare di sobrietà creativa sembra un paradosso, una sorta di scontro di pugilato tra due termini che apparentemente si oppongono nel loro significato comune. Papa Francesco, invece, in essi coglie un aspetto essenziale della nostra vita: quello della ricerca della "felicità". Come si fa ad essere felici, appagati, soddisfatti? Non ci sogneremmo mai di rispondere: con una vita sobria. Eppure la sobrietà, vissuta con libertà e consapevolezza, non indica una vita priva di intensità e mortificante ma piuttosto una vita piena e felice. Se desideriamo godere una vita ricca, abbiente, siamo stati abituati ad assumere come principale indicatore l'acquisto, lo shopping, il consumo, il possesso. Sembra che tutte le strade che portano alla felicità conducano a dei negozi. Eppure ci sono enormi risorse di felicità umana che non vengono sfruttate. Tim Jackson, docente di sostenibilità alla University of Surrey nonché consigliere per la sostenibilità del Governo del Regno Unito, afferma che ci sono delle alternative ad una vita umana che nel consumo smodato di beni trova il suo appagamento. Egli identifica nelle relazioni umane, le famiglie, i quartieri, le comunità, il significato della vita, quei "beni" dove poter trovare la nostra soddisfazione. La maggior parte delle politiche realizzate dai governi nel mondo va, invece, esattamente nella direzione opposta. Papa Francesco, infatti, ci fa notare che quelli che gustano di più e vivono meglio ogni momento della propria vita sono proprio coloro che smettono di consumare in modo disordinato, cercando sempre soddisfazione in quello che non hanno, e sperimentano ciò che significa apprezzare ogni persona e ogni cosa, imparano a mettere a frutto in modo creativo le realtà più semplici e ne sanno godere. Ecco per papa Francesco il segreto per sanare il mondo in una via di felicità personale e collettiva: "Si può aver bisogno di poco e vivere molto, soprattutto quando si è capaci di dare spazio ad altri piaceri e si trova soddisfazione negli incontri fraterni, nel servizio, nel mettere a frutto i propri carismi, nella musica e nell'arte, nel contatto con la natura, nella preghiera. La felicità richiede di saper limitare alcune necessità che ci stordiscono, restando così disponibili per le molteplici possibilità che offre la vita".

Ritornando all'esperienza di felicità di Gesù, possiamo davvero dire che anche Gesù ha ben vissuto una dimensione di gioia, di bellezza, di gratuità? Certamente Gesù ha vissuto una vita buona, segnata da azioni di bene, ma anche felice, caratterizzata dalla dimensione della gioia e della giocosità. Il gioco è una realtà che non ha un valore secondo, non ha un fine, ha un valore in se: perché giochi? gioco perché gioco. Il gioco ha senso in se stesso. Non si tratta, dunque, di avere solo una vita pratica, dell'uomo *faber*, una vita del fare, ma una vita creativa, l'uomo è anche uomo *ludens*. Anche la dimensione giocosa rientra nell'umanità semplice di Gesù, la via creativa si esprime pienamente anche attraverso il gioco, la creazione di qualcosa di nuovo che in sé non ha un aspetto pratico o commerciale. Ricordiamo che Gesù ha posto come modello del discepolo proprio un bambino (cfr. Mt 18, 4).

Facciamo, adesso, un ulteriore passo per addentrarci ancora più profondamente in ciò che riguarda la gioia e la felicità. La gioia profonda nella vita di un essere umano ha sempre una relazione con il senso, con il significato delle cose. Comprendere il senso delle cose, come funzionano, per arrivare fino alla comprensione più elevata che è il senso della vita umana, della propria vita, dà una grande gioia. *Albert Einstein* parla del momento in cui intuisce la teoria generale della relatività, la teoria che svela in che modo il macro-universo funziona, come "il pensiero più felice della sua vita" (*the happiest thought in my life*). Si tratta dell'esperienza della pura e incontenibile gioia per la scoperta, per la comprensione del senso delle cose che ci circondano, che ci apre al senso più profondo della vita.

La gioia riguarda, dunque, il senso della vita, del mondo, dell'essere al mondo, e quindi anche del soffrire e del morire. Provate a chiedervi per chi o per che cosa vi sentireste disposti a perdere la vita, a morire, chi o che cosa ha senso per voi. È un esercizio, nella realtà poi non sappiamo come realmente reagiremmo. Comunque è una domanda che ci mette alle strette, perché ci chiede: ma cosa ti sta davvero a cuore? Che cosa o chi tu ami? Chi ami davvero, chi ti ama? Per chi senti di essere disposto a perdere tutto quello che hai di più caro? Questa domanda la possiamo porre anche in un modo diverso: per chi o per che cosa saresti disposto a rischiare tutto ciò che hai, persino la vita? Non si tratta tanto del morire come lasciarsi andare, come resa, come possibilità di fuga, ma piuttosto è il rischio della vita fino alla morte. I Vangeli ci testimoniano che Gesù ha un senso profondo della sua esistenza, delle cose e della vita, un senso che ha scoperto e che lo indirizza nel suo cammino.

Proviamo a leggere questa pagina del Vangelo di Matteo avendo quest'attenzione:

Il regno dei cieli è simile a un tesoro nascosto nel campo; un uomo lo trova e lo nasconde; poi va, pieno di gioia, vende tutti i suoi averi e compra quel campo.

Il regno dei cieli è simile anche a un mercante che va in cerca di perle preziose; trovata una perla di grande valore, va, vende tutti i suoi averi e la compra. (Mt 13, 44-46)

Gesù sta certamente narrando un racconto, ma probabilmente dietro questa storia c'è una scoperta che lui stesso ha fatto. Di certo Gesù non ha scavato e trovato un tesoro, né era in cerca di perle preziose, ma qui vi è la sua personale scoperta che è diventata la sua gioia, che può narrare in modo potente ed efficace. Nella scoperta del Regno, che è già lì se solo lo vogliamo vedere, vi è la scoperta del valore profondo delle cose e viceversa: questo ci sta dicendo Gesù con tutte le sue forze, con le sue parabole. Si tratta di aprire gli occhi, di stare attenti alla realtà, a ciò che ci circonda senza dover andare troppo lontano. Quante volte Gesù usa questi verbi nei Vangeli: aprite gli occhi, state attenti, il regno di Dio è qui! Non siate addormentati e distratti, guardate, vedete, state attenti alla realtà e vedrete che non dovrete ascendere fino ai cieli per trovare la presenza di Dio, la sua Parola è lì a vostra disposizione.

Se si svela il valore delle cose, si scopre che in quelle cose, in quella realtà vi è la presenza di Dio, e così davvero si può entrare nella gioia, vivere la gioia in ogni momento della nostra esistenza. Scopriamo, così, che Gesù ci insegna a vivere pienamente il nostro presente, la nostra quotidianità, si tratta dell'"oggi" che costantemente sentiamo pronunciato da Gesù nel Vangelo di Luca, come ad esempio nell'incontro con Zaccheo: *Zaccheo, scendi subito, perché oggi devo fermarmi a casa tua* (Lc 19, 5).

Nel Vangelo vi è una rivalutazione dell'oggi, del momento presente; quanto è lontana la dottrina moralistica e disumanizzante di un cristianesimo come assunzione di un comportamento di vita per una ricompensa futura. L'oggi è il luogo, il tempo dell'incontro con Dio, si tratta del tempo in cui Dio ci viene incontro. Ci troviamo di fronte ad una valorizzazione enorme del presente come tempo in cui possiamo essere amati e amare nella verità di noi stessi, vertice della vita umana e quindi della gioia.

Possiamo, adesso, chiederci quale sia stata questa esperienza di gioia, di felicità, di pace di Gesù. Già abbiamo parlato della gioia che Gesù sente nel comprendere che il Padre rivela queste cose ai piccoli e non ai sapienti di questo modo, ma cosa rivela il Padre, cosa Gesù ha appreso dal Padre che gli fa esplodere il cuore di gioia? Questa esperienza è narrata nei Vangeli, in particolare dai sinottici nel battesimo di Gesù. Innanzitutto, notiamo che nei Vangeli (lo vediamo anche nella grande preghiera sacerdotale di Gesù) l'origine della sua gioia è nell'esperienza d'amore, di sentirsi amato e di amare: *Come il Padre ha amato me anch'io ho amato voi, rimanete nel mio amore. Vi ho detto queste cose perché la mia gioia sia in voi e la vostra gioia sia piena* (Gv 15, 9-11). Vi è un legame inscindibile tra essere amati e provare gioia, tra amare e stabilire l'altro nella gioia. Si tratta dell'esperienza di gioia dove finalmente mi sento sicuro perché mi sento amato. Si tratta di un'esperienza teologica e spirituale, ma anche umanissima.

Quando fai esperienza d'essere amato finalmente ti senti sicuro nella gioia. Si tratta di fare esperienza di qualcuno che ti dice un "sì" incondizionato a tutto ciò che sei, anche a quello che può farti soffrire. Una volta ricevuto questo "sì" siamo chiamati poi a darlo agli altri, ad amarli come Dio li ama, ovvero a non essere d'impedimento, a non essere d'ostacolo al "sì" incondizionato che Dio vuole donare in Cristo Gesù.

In questa dinamica d'amore la conversione ed il pentimento sbocciano a partire dalla percezione d'essere amato incondizionatamente, di ricevere un "sì" incondizionato sulla propria vita: la conversione è successiva al sentirsi amati. Ci si converte quando ci si sente amati anche nel momento in cui con il peccato feriamo Dio e avvertiamo che lui ci continua ad amare incondizionatamente. "Misericordia" è un amore gratuito che percepito può mutare il proprio comportamento, ricordandosi che fare il male è sempre farsi del male, come fare il bene è sempre farsi del bene.

Questo legame tra gioia e sentirsi amati lo troviamo nel Vangelo, come dicevamo, nell'esperienza del "battesimo di Gesù": *Ed ecco, in quei giorni, Gesù venne da Nàzaret di Galilea e fu battezzato nel Giordano da Giovanni. E subito, uscendo dall'acqua, vide squarciarsi i cieli e lo Spirito discendere verso di lui come una colomba. E venne una voce dal cielo: "Tu sei il Figlio mio, l'amato: in te ho posto il mio compiacimento"* (Mc 1, 9-11).

Tu sei il mio figlio, l'amato, in te ho posto la mia benevolenza: esperienza d'essere amato, di essere ben voluto, che Gesù porta con se in tutto il suo ministero.

All'origine di tutto il ministero di Gesù, di tutto il suo fare il bene per gli altri, di tutto il suo cercare di mostrare il volto di Dio, vi è quest'esperienza, trova lì la sua radice.

Ecco dove si pacifica la ricerca, dove si trova la possibilità di una gioia (anche per chi vive nel "mai una gioia"), sono amato, sono amato così come sono, dunque posso agire in piena libertà e posso donare con generosità la mia vita. Su di me poggia una benedizione originaria, "in principio era la benedizione", una benedizione che è stata pronunciata dal principio del mondo, "in principio sono amato". Dio non ama quello che faccio, Dio ama me!

Quando mi trovo all'interno di questa coscienza di fede, che io sono amato così come sono, trovo una forza straordinaria, posso spendere la mia vita, ma non con il risentimento di sentirmela strappata. Al di là delle contraddizioni che possiamo portare dentro di noi, dei limiti e delle fragilità che ci segnano, in questa rivelazione d'amore possiamo fondare la nostra esistenza, in questa certezza possiamo rischiare e aprirci alla vita anche nei suoi aspetti più difficili. La realizzazione della nostra esistenza è già custodita interamente nelle mani del Signore, si tratterà solamente di sperimentare e cercare le forme per vivere ciò che già è stato espresso, ciò che è già alle nostre spalle.

L'esperienza di essere amati è alla radice della profonda gioia di Gesù, ma anche della sua forza e della sua libertà. Da questo punto di vista possiamo comprendere, intuire, perché Gesù arriva ad insegnare che la vera gioia consiste nel donare la propria vita. Non si tratta di un dovere o di una prestazione, ma di una risposta d'amore. Vediamo quante volte si ripete questa specie di "ritornello", questa esperienza decisiva:

Chi avrà tenuto per sé la propria vita, la perderà, e chi avrà perduto la propria vita per causa mia, la troverà (Mt 10, 39).

Perché chi vuole salvare la propria vita, la perderà; ma chi perderà la propria vita per causa mia, la troverà (Mt 16, 25).

Convocata la folla insieme ai suoi discepoli, disse loro: "Se qualcuno vuol venire dietro a me, rinneghi se stesso, prenda la sua croce e mi segua" (Mc 8, 34).

Poi, a tutti, diceva: "Se qualcuno vuole venire dietro a me, rinneghi se stesso, prenda la sua croce ogni giorno e mi segua" (Lc 9, 23).

Chi cercherà di salvare la propria vita, la perderà; ma chi la perderà, la manterrà viva (Lc 17, 33).

Chi ama la propria vita, la perde e chi odia la propria vita in questo mondo, la conserverà per la vita eterna (Gv 12, 25).

Ecco la libertà, la possibilità della gioia, in questo percepire che possiamo davvero donare la nostra vita, perdere il nostro tempo, le nostre forze, le nostre energie per gli altri, all'interno di quest'esperienza d'amore che ci precede e ci avvolge. Qui siamo a un vertice dell'esperienza di Gesù.

Frère Roger di Taizé (lettere 2001) in questo modo ne parla: *ciò che rende felice un'esistenza è avanzare verso la semplicità, la semplicità del nostro cuore. Perché una vita sia bella non è necessario avere straordinarie capacità o grandi possibilità, l'umile dono della propria persona rende felici. Dio ci vuole felici ma non ci suggerisce di essere indifferenti alle sofferenze degli altri. Dio ci suggerisce di essere creatori, di arrivare a creare anche nel momento della prova... ascoltando la voce di Gesù: non temere continua a fidarti. L'umile dono della propria persona rende felici!*

Gesù, di certo, in quest'ottica sperimenta anche delle altre gioie. La gioia ad esempio del peccatore ritrovato; quante parabole e quanta prassi di Gesù nel voler relazionarsi, nello stare a contatto, con ogni sorta di persona. C'è più gioia in cielo per un peccatore che si converte piuttosto che per novantanove giusti che non hanno bisogno di conversione (cfr. Lc 15). Gesù narra anche a loro la vicinanza, la comunione di Dio, la sua gioia diviene anche la gioia di ogni peccatore che si sente amato e salvato da Dio. Gesù scopre la perla preziosa, che è amato da Dio, che la sua vita può essere spesa nella forza di questa verità. Ricordate, nel Vangelo di Giovanni ascoltiamo Gesù dire: *Se rimanete nella mia parola, siete davvero miei discepoli; conoscerete la verità e la verità vi farà liberi* (Gv 8, 31). La verità vi farà liberi, rimanete in questa verità. Ricordatevi che Gesù comunica la parola di Dio non solo con ciò che dice ma anche con ciò che fa, che vive. La sua vita, il suo modo di vivere parla costantemente di Dio, anzi è un costante comunicare Dio agli uomini. Gesù ci narra una verità, che lui stesso ha vissuto, che ha orientato la sua vita, ha dato senso al suo esistere, una verità che vuole condividere con noi (*la mia gioia sia in voi... perché la vostra gioia sia piena*) che può essere nostra nella relazione con lui, nell'essere con lui, nel rimanere con lui, una verità che ci rende liberi, pieni di gioia, una perla preziosa per cui vale la pena vendere tutto, una verità che ci regge anche nei momenti più difficili della vita: siamo amati, siamo figli amati da Dio, e in Gesù lo sperimentiamo pienamente anche nelle prove della vita.

Questa verità è un'esplosione di gioia, come lo è stato per Gesù, è una verità che non può essere estorta, strappata, posseduta, ma come ci dice lo stesso Gesù è rivelata ai piccoli, ai poveri, richiede spoliazione e affidamento. È una verità che tocca l'essenza del Creato, la sua forma prima, la sua legge fondamentale.

Terminiamo questa meditazione con ciò che papa Francesco scrive all'inizio della sua lettera apostolica *Evangelii Gaudium* (La gioia del Vangelo):

Il grande rischio del mondo attuale, con la sua molteplice ed opprimente offerta di consumo, è una tristezza individualista che scaturisce dal cuore comodo e avaro, dalla ricerca malata di piaceri superficiali, dalla coscienza isolata. Quando la vita interiore si chiude nei propri interessi non vi è più spazio per gli altri, non entrano più i poveri, non si ascolta più la voce di Dio, non si gode più della dolce gioia del suo amore, non palpita l'entusiasmo di fare il bene. Anche i credenti corrono questo rischio, certo e permanente. Molti vi cadono e si trasformano in persone risentite, scontente, senza vita. Questa non è la scelta di una vita degna e piena, questo non è il desiderio di Dio per noi, questa non è la vita nello Spirito che sgorga dal cuore di Cristo risorto.

Scoperta la perla preziosa, ricordiamoci che non deve assorbirci in modo ansioso, ma piuttosto è la "lente felice" attraverso cui vediamo, viviamo e ci orientiamo in questo mondo.

Un giovane domandò al più saggio di tutti gli uomini il segreto della felicità. Il saggio suggerì al giovane di fare un giro per il palazzo e di tornare dopo due ore.

"Solo ti chiedo un favore" concluse il saggio, consegnandogli un cucchiaino su cui versò due gocce d'olio. "Mentre cammini, porta questo cucchiaino senza versare l'olio".

Dopo due ore il giovane tornò e il saggio gli chiese: "Hai visto gli arazzi della mia sala da pranzo? Hai visto i magnifici giardini? Hai notato le belle pergamene?".

Il giovane, vergognandosi, confessò di non avere visto niente. La sua unica preoccupazione era stata quella di non versare le gocce d'olio.

"Torna indietro e guarda le meraviglie del mio mondo" disse il saggio.

Il giovane prese il cucchiaino e di nuovo si mise a passeggiare, ma questa volta osservò tutte le opere d'arte. Notò i giardini, le montagne, i fiori. Tornò dal saggio e riferì particolareggiatamente tutto quello che aveva visto.

"Ma dove sono le due gocce d'olio che ti ho affidato?" domandò il saggio.

Guardando il cucchiaino, il ragazzo si accorse di averle versate.

"Ebbene, questo è l'unico consiglio che ho da darti" concluse il saggio. "Il segreto della felicità consiste nel guardare tutte le meraviglie del mondo senza mai dimenticare le due gocce d'olio nel cucchiaino"... senza mai dimenticare l'essenziale.

Il segreto della felicità di Bruno Ferrero

Dio ci vuole felici

Il titolo della terza meditazione, "Dio ci vuole felici", credo che interpreti bene il senso delle beatitudini e di tutta l'azione di Gesù.

Parto da una premessa: Dio ci vuole felici innanzitutto nel senso che ci mette sulla via della maturazione della nostra autentica felicità. Racconta il Cardinal Martini: *ricordo il disagio in cui mi trovavo quando – ero giovane religioso – veniva il superiore provinciale in visita e ci chiedeva, facendo un piccolo esame: è contento della sua vocazione? Nel rispondere mi imbarazzavo, perché pensavo: vorrei che il Signore fosse contento, non importa che lo sia io. Probabilmente facevo fatica, non ero nemmeno del tutto contento, e mi bastava che lo fosse Lui. Ma Dio vuole la nostra felicità, non però solamente qui, adesso, subito; desidera che maturi in noi la vera felicità per questa vita e per l'altra, anche se non può essere percepita pienamente in ogni istante, specialmente agli inizi del cammino.*

Le beatitudini ci indicano le vie, gli atteggiamenti che possono renderci contenti davvero. Ci permettono di maturare, facendo discernimento, scegliendo per il bene, per la felicità secondo il regno dei cieli. Di fatto non sempre ciò che sembra darci gioia ci rende felici.

Oggi è sempre più difficile, soprattutto per le nuove generazioni, dare senso alla vita e alle realtà che la costituiscono. Il senso, il significato della vita, quando manca ha bisogno di essere sostituito con altro più a buon mercato. In questa situazione noi cristiani dovremmo saper mostrare a tutti gli uomini, umilmente ma risolutamente, che la vita cristiana non solo è buona, segnata cioè dai tratti della bontà, dell'amore, delle buone azioni, ma è anche bella e beata, è via di bellezza e di beatitudine, di felicità. Gesù, per chi lo accoglie e lo segue, insegna e dona una vita che è causa di beatitudine, è fonte di felicità. Egli, donandoci la sua identità di figlio amato che diviene la nostra vera identità, la perla preziosa, nelle beatitudini ci dona non tanto una legge o, peggio, una morale da schiavi, quanto uno spirito e uno stile di vita, proprio quello che egli ha annunciato e vissuto nella libertà e per amore, quello in cui ha trovato la felicità. Sì, le beatitudini sono una chiamata alla felicità: in esse Gesù ci mostra e ci dona la sua via di felicità.

Delle beatitudini se ne parla nel Vangelo di Matteo e di Luca. Matteo ne ha nove, Luca solamente quattro, e le fa seguire dal loro contrario, quattro "guai".

Leggiamo le beatitudini secondo la versione di Matteo (Mt 5, 1-11):

Vedendo le folle, Gesù salì sul monte: si pose a sedere e si avvicinarono a lui i suoi discepoli. Si mise a parlare e insegnava loro dicendo:

Beati i poveri in spirito, perché di essi è il regno dei cieli.

Beati quelli che sono nel pianto, perché saranno consolati.

Beati i miti, perché avranno in eredità la terra.

Beati quelli che hanno fame e sete della giustizia, perché saranno saziati.

Beati i misericordiosi, perché troveranno misericordia.

Beati i puri di cuore, perché vedranno Dio.

Beati gli operatori di pace, perché saranno chiamati figli di Dio.

Beati i perseguitati per la giustizia, perché di essi è il regno dei cieli.

Beati voi quando vi insulteranno, vi perseguiteranno e, mentendo, diranno ogni sorta di male contro di voi per causa mia. Rallegratevi ed esultate, perché grande è la vostra ricompensa nei cieli. Così infatti perseguitarono i profeti che furono prima di voi.

Notiamo, innanzitutto, che il motivo dell'ottava beatitudine è lo stesso della prima: *"perché di essi è il regno dei cieli"*. Ci troviamo, in termini tecnici, ad avere a che fare con la figura retorica dell'inclusione. Come la prima di copertina e l'ultima di un libro ci suggeriscono già la chiave di lettura del suo contenuto, così l'autore delle beatitudini ci fa subito comprendere che esse sono inquadrate sotto il segno del regno dei cieli, sono da leggere in relazione al Regno, vanno comprese come lo scoppio di gioia conseguente alla realtà del Regno iniziato e imminente.

Poche parole su questa realtà di cui Gesù parla costantemente, anzi potremmo dire che è proprio il contenuto del suo annuncio.

Il concetto di "Regno" resta un po' enigmatico. Il Regno è una forza, un dinamismo, un divenire, che crea ordine nel mondo e nella storia, che crea connessioni sempre più complesse, a partire dalla morte e risurrezione del Signore. Noi partecipando della vita di Gesù, della sua Pasqua, entriamo in questo dinamismo del Regno e lo facciamo emergere e realizzare qui ed ora. Il Regno non è qualcosa di già fatto che viene dall'esterno come un astronave, o che cade dal cielo come un meteorite; si tratta, invece, di un processo di rigenerazione (nascita, crescita, pienezza), che avviene a partire dall'interno dell'uomo, anzitutto in Cristo che lo manifesta pienamente nel suo rapporto con i malati, i peccatori, i sofferenti, e poi in ciascuno di noi che lo seguiamo. Il Regno è già venuto e insieme viene e verrà, secondo un processo di sviluppo. Concludendo, il Regno è una realtà immensa, che muove l'universo e ancora oggi è in divenire: si compie già in noi e insieme è avversata da innumerevoli forze negative, mentre lo Spirito combatte per il suo trionfo. Di qui l'importanza delle beatitudini, inserite nel *Discorso della montagna*, che descrivono gli atteggiamenti conseguenti al regno di Dio, derivanti da questa novità introdotta da Gesù nella storia umana e nel Creato intero.

La Gioia di Gesù e le beatitudini.

Abbiamo compreso che l'annuncio delle beatitudini da parte di Gesù avviene a partire da una sua esperienza di gioia; si tratta della proclamazione, dell'annuncio gioioso del Regno, dell'aver scoperto la perla preziosa: beati voi poveri, perché il Regno c'è e cambia le situazioni umane. Il Vangelo di Matteo sicuramente narra quest'esperienza di Gesù, ma contemporaneamente indica anche dei comportamenti che possiamo tenere, per cui le beatitudini tendono a diventare comportamenti del Regno. All'inizio sono un'esclamazione di gioia perché le cose si sono capovolte; il capovolgimento diventa poi rilevante per la comunità, dalla gioia si assume uno stile di vita che trasforma chi lo assume e le realtà che lo circondano. Questo stile di vita che le beatitudini ci donano non consiste tanto nel seguire delle regole precise, piuttosto si tratta di un quadro di riferimento da assumere che ci aiuti a orientarci e verificarci nel nostro cammino di maturazione verso una vita felice.

Come dobbiamo vivere, quindi, le beatitudini oggi?

Si tratta di cogliere l'insieme del messaggio delle beatitudini e attraverso di esso orientarsi e verificarsi per una vita felice. Per esempio possiamo dire: mi dà grande gioia sapere che Gesù è il mio salvatore, che non si stupisce delle mie mancanze, che mi ama anche nella mia miseria. Questa è una beatitudine. La ritroviamo nello spirito delle beatitudini evangeliche, ma contemporaneamente è originale. Possiamo cioè riprodurre in tante forme del nostro modo di vivere, sentire, pensare, l'insieme di atteggiamenti che corrispondono alle beatitudini. Si tratta, insomma, di assumere quell'atteggiamento globale che, pur se non è definibile con precisione, può essere inteso da chi accoglie nella sua vita la perla preziosa che è Cristo Gesù.

In questo modo ciascuno di noi può scrivere le proprie beatitudini, ciò che lo rende felice all'interno del grande orizzonte del regno dei cieli: sono felice quando il peso è insopportabile e vedo che non per mio merito la situazione si scioglie, si chiarisce se la vivo nella fede, se mi affido a Dio. Sono felice quando non mi uniformo a una mentalità (funzionale, imbrogliona etc) ma cerco la verità ed il bene oltre anche il mio interesse immediato. Sono felice quando cerco di comportarmi con gentilezza anche quando questa è scambiata per debolezza, etc.

Quando fu chiesto a san Francesco che cosa fosse per lui la piena gioia, la "perfetta letizia", egli rispose che consisteva nel *bussare alla porta di Santa Maria degli Angeli, esserne respinti con villanie e percosse e sopportarlo "pazientemente e con allegrezza e con buono amore*". Quella situazione era per lui perfetta gioia. La beatitudine di Francesco non è fra quelle scritte nei Vangeli, però risponde al loro spirito; avendo assimilato le beatitudini, le traduceva nella maniera in cui parlavano a lui e riusciva così a leggere tante situazioni e atteggiamenti nella loro luce. Ognuno è invitato a formulare le beatitudini più vicine alla propria condizione, paragonando sinceramente con desiderio critico la propria formulazione con quella dei Vangeli, per verificarla ed eventualmente correggerla alla luce della parola di Gesù. Non perdendo mai di vista che dev'essere qualcosa che parli a se stesso.

Insieme con quelle del *Discorso della montagna* è utile ricordare a questo punto che ci sono altre beatitudini nei Vangeli, e sono circa una dozzina, ad esempio: *Beato te, Simone figlio di Giona, perché né la carne né il sangue te l'hanno rivelato* (Mt 16, 17); *Beato quel servo che il padrone al suo ritorno troverà ad agire così!* (Mt 24, 46). Altrettanto utile è far tesoro delle beatitudini che si leggono nell'Antico Testamento, specialmente nel libro dei Salmi, come ad esempio: *Beato l'uomo che non segue il consiglio degli empi* (Sal 1, 1); *Beato l'uomo a cui è rimessa la colpa e perdonato il peccato* (Sal 32, 1); *Signore degli eserciti, beato l'uomo che in te confida* (Sal 84, 13); *Beato l'uomo che tu istruisci, Signore, e che ammaestri nella tua legge* (Sal 94, 12); *Beato l'uomo di integra condotta, che cammina nella legge del Signore* (Sal 119, 1).

Vediamo adesso brevemente le beatitudini nella versione di Matteo, soffermandoci maggiormente su alcune in particolare. In esse, felici, beati, sono dette nove categorie di persone:

1) La beatitudine fondamentale in Matteo è la prima, quella dei poveri in spirito: *Beati i poveri in spirito perché di essi è il regno dei cieli.* Affini a questa beatitudine ci sono altri testi del Nuovo Testamento, per esempio là dove si parla dei "bambini": *se non diventerete come bambini, non entrerete nel regno dei cieli* (Mt 18, 3). Ricordate, inoltre, la gioia di Gesù in Mt 11, 25: *in quel tempo Gesù disse: "Ti rendo lode, Padre, Signore del cielo e della terra,*

perché hai nascosto queste cose ai sapienti e ai dotti e le hai rivelate ai piccoli". I "piccoli" nel Vangelo sono considerati addirittura i bambini che non possono parlare, i bambini da zero a due anni, completamente affidati alle braccia del padre e della madre. La povertà appare, così, come un abbandono in Dio anche quando non si ha nulla, un affidamento totale e sereno nelle sue braccia.

La beatitudine dei poveri in spirito è stata comunque tanto discussa. Alcuni l'hanno intesa in chiave sociologica, e sarebbe allora propria del povero che non ha nulla; altri invece – mi pare più giustamente, perché la tradizione biblica in questo senso è forte – insistono sull'aspetto esistenziale: beato è colui che sa di essere privo di mezzi di potere, ma si affida a Dio. La povertà non solo è carenza di beni stimati in questo mondo (denaro, prestigio, successo, etc), è affidamento a Dio, è ricerca di felicità non come possesso ma come dono e condivisione.

La povertà vissuta da Gesù Cristo e da lui annunciata nelle beatitudini non è dunque un mancare di tutto (non si troverebbe mai il fondo!) ma è una rinuncia a possedere per sé: non è il possesso, il consumo di cose e persone che da felicità, ma piuttosto è il desiderio di aprirsi a Dio e agli altri, di trovare senso in questa vita nell'amore di Dio e degli altri che genera uno stile continuo di affidamento e condivisione. Il vero nome della povertà vissuta da Gesù Cristo, e dunque della povertà cristiana, è condivisione.

Nella prima beatitudine Gesù ci sprona a trovare senso nell'essere liberi dalla schiavitù del possesso e del consumo, cioè a essere più disponibili alla meravigliosa arte del dare e del ricevere, dell'amare e dell'essere amati.

2) *Beati quelli che sono nel pianto, perché saranno consolati.* Non è facile definire chi sono questi afflitti. Mi vengono in mente le lacrime di Gesù raccontate dai Vangeli: sia quelle del Vangelo che ci narra della resurrezione di Lazzaro sia delle lacrime di Gesù quando entra in Gerusalemme: *Quando fu vicino, alla vista della città pianse su di essa dicendo: Se avessi compreso anche tu, in questo giorno, quello che porta alla pace! Ma ora è stato nascosto ai tuoi occhi. Per te verranno giorni in cui i tuoi nemici ti circonderanno di trincee, ti assedieranno e ti stringeranno da ogni parte* (Lc 19, 40-43).

Le lacrime appartengono a una comunicazione profonda, umanissima. Sono lacrime che comunicano tutto il proprio dolore ma anche tutta la propria invocazione di bene e d'amore di fronte al male proprio e al male del mondo.

Inoltre, non possiamo non accennare al fatto che la sofferenza è presente ed è la minaccia, la contraddizione alla nostra vita felice: è presente nei corpi, nelle menti e nei cuori che soffrono fino a piangere. Di fronte a essa la domanda che sorge spontanea è: che senso ha soffrire? Perché soffrire così? Prima o dopo, e con diversa intensità, noi soffriamo e conosciamo l'esperienza dolorosa della perdita: soffriamo quando dobbiamo lasciare le persone che amiamo, soffriamo quando dobbiamo rinunciare ai sogni di felicità, quando perdiamo la salute, etc.

Le sofferenze di per sé non sono utili né salvifiche, non sono automaticamente una forma di purificazione, un mezzo per diventare più buoni. Credo però che in esse e attraverso di esse ci è chiesto di impegnarci ad amare e ad accettare di essere amati. Insomma, siamo chiamati a fare della sofferenza una via di comunione: questa è la sfida, questa è la via cristiana, che può però essere sentita come possibilità ragionevole, significativa e umanizzante anche da parte di chi non è credente .

È esemplare l'atteggiamento di Gesù nei suoi molti incontri con i sofferenti: egli non ha mai predicato rassegnazione, non ha mai chiesto di offrire la sofferenza a Dio, non ha mai detto che più uno soffre più uno è vicino a Dio. Gesù sapeva bene che è l'amore, non la sofferenza, che salva! Per questo si è preso cura dell'umanità sofferente, come il Padre ha fatto con lui, di chi vedeva piangere, rinnovando una volta di più la sua offerta d'amore.

3) *Beati i miti, perché avranno in eredità la terra.* Potremmo considerare i miti, in una possibile interpretazione del testo, come coloro che si comportano con gentilezza. Quest'aspetto della mitezza come gentilezza è stato sottolineato nel rifacimento della Disney (2015 di Kenneth Branagh), con attori in carne e ossa, del famoso cartone animato Cenerentola. Nel cartone animato è difficile identificarsi nella povera Cenerentola, che sopporta le angherie delle sorelle e della matrigna con una resa e una sottomissione che fa quasi rabbia. Nel rifacimento, invece, non vediamo tanto una remissività debole e succube ma,

piuttosto, una scelta di vita attraverso la gentilezza. Si tratta di una ragazza che avrebbe più di un motivo per piangersi addosso e arrabbiarsi con la vita, ma lei compie una scelta diversa: non lasciarsi peggiorare dal dolore. Una scelta che ha poco a che fare con un atteggiamento debole e remissivo. Se il destino le ha già tolto molto, lei ha deciso che non lascerà alla sofferenza e alla cattiveria che ha intorno di prendersi l'ultima cosa bella rimasta: se stessa, la bella persona che i suoi genitori le hanno insegnato a essere.

Cenerentola si alza ogni mattina sporca, stanca, già maltrattata, e si sforza di avere la stessa gentilezza che aveva prima, quando le cose andavano bene. Quando, infine, arriverà la Fata Madrina per aiutarla a cambiare la sua vita, lei capisce che la gentilezza è più di una disposizione d'animo: la gentilezza è potere. Forse il più autentico, il più forte dei poteri che una persona possa avere, perché è in grado di cambiare le cose e le persone. È il potere di avere fiducia in se stessi e nel prossimo; è il potere di aver fiducia e affidarsi a Dio; è il potere di diffondere bontà; è il potere di far sentire accolti ed essere accolti; è il potere della gratitudine; è il potere di credere che si possa essere buoni, che la bontà possa vincere; infine, è il potere, grandissimo, luminoso, di prendersi cura di se stessi, della propria vita.

Vivere con gentilezza è un dono del tutto sottovalutato, spesso scambiato con la debolezza, con l'ingenuità, e questo è un errore. Esercitare ogni giorno la gentilezza in un mondo che l'ha dimenticata, richiede un grande coraggio. E poi, la gentilezza rende belli.

Cenerentola impara questo potere dalla mamma che da piccola, prima di morire, le dice questa frase che lei si ripeterà sempre nei momenti difficili: *Voglio svelarti un segreto, un grande segreto che ti aiuterà ad affrontare le prove quando la vita vorrà sottoporti: devi essere gentile e avere coraggio!*

4) *Beati quelli che hanno fame e sete della giustizia, perché saranno saziati.* Gli affamati e assetati di giustizia sono chi vorrebbe vedere la volontà di Dio realizzata nel nostro tempo, e si sforzano per quanto è in loro potere di piacere al Signore soltanto. La giustizia della beatitudine non è di per sé la realizzazione di una giustizia salvifica divina, o di una giustizia sociale. È un atteggiamento positivo, spirituale; è la giustizia nel senso biblico anticotestamentario, cioè la santità. Potremmo forse tradurre la beatitudine per noi in maniera molto semplice, come la traduceva Madre Teresa di Calcutta: "*Beati coloro che si danno da fare per farsi santi*", che sono affamati di santità e nutrono la fiducia che il Signore li santifica, beati coloro che realizzano la loro santità in ciò che fanno.

5) *Beati i misericordiosi, perché troveranno misericordia.* È più semplice l'interpretazione della beatitudine dei misericordiosi, di chi compie opere di misericordia, descritte ampiamente dalla Scrittura e dalla Tradizione.

6) *Beati i puri di cuore, perché vedranno Dio.* Su questa beatitudine vorrei soffermarmi maggiormente, dato che tocca la dimensione dell'interiorità che ha un primato nella vita di fede e fonda in modo unico la vita umana.

All'udire questa beatitudine, istintivamente siamo portati a pensare alla purezza in termini di sessualità, ma, come ha scritto Raniero Cantalamessa: *i termini "puro" e "purezza" (katharós, katharótes) non sono mai usati nel Nuovo Testamento per indicare l'assenza di peccati riguardanti la sfera della sessualità.* La beatitudine dei puri di cuore è rivolta da Gesù a quelli che nel cuore non sono ipocriti, che non hanno un'intenzione falsa, che non sono abitati dalla pericolosa attitudine della doppiezza; è indirizzata a quelli che lottano per vivere sempre secondo una vera purezza di intenti, in modo che il loro parlare, così come il loro operare, scaturisca dal loro cuore indiviso.

La purezza di cuore nell'Antico Testamento.

L'espressione "puri di cuore" non è stata inventata da Gesù, ma egli l'ha ripresa soprattutto dal linguaggio dei Salmi: *Crea in me, o Dio, un cuore puro* (*lev tahor*) (Sal 51, 12). Per comprendere in profondità questa espressione occorre ricordare innanzitutto che il concetto di "cuore" (*lev/levav* in ebraico, *kardía* in greco) nella Bibbia designa il centro dell'uomo, la fonte intima della sua vita affettiva e intellettuale, dei suoi desideri e dei suoi pensieri: potremmo dire che l'uomo biblico con il cuore pensa, vede, ama, discerne e decide.

I profeti denunciavano con forza la patologia che consiste nell'avere un "cuore di pietra" (cfr. Ez 2, 4; 3, 7; 11, 19; 36, 26), cioè un cuore indurito e insensibile alla parola di Dio; nel contempo, promettevano che un giorno il Signore avrebbe dato agli uomini "un cuore nuovo", "un cuore di carne" (cfr. Ez 11, 19; 36, 26), capace di conoscere Dio e di rispondere al suo amore gratuito (cfr. Ger 24, 7; 31, 33). Nei Salmi chi prega Dio, riconoscendo la propria condizione di peccatore e l'incapacità di stare davanti a lui in verità, gli chiede "un cuore unificato" (Sal 86, 11), "un cuore puro" (Sal 51, 12), mentre confessa di detestare il "cuore doppio, diviso" (cfr. Sal 12, 3; 119, 113).

Gesù, il puro di cuore per eccellenza.

Gesù pronuncia parole esplicite sul tema che ci interessa:

Non ciò che entra nella bocca rende impuro l'uomo; ciò che esce dalla bocca, questo rende impuro l'uomo! [...] Ciò che esce dalla bocca proviene dal cuore. Questo rende impuro l'uomo. Dal cuore, infatti, provengono propositi malvagi, omicidi, adultèri, le impurità, furti, false testimonianze, calunnie. Queste sono le cose che rendono impuro l'uomo (Mt 15, 11. 18-20).

Davvero purezza e impurità si situano innanzitutto nel nostro cuore: davanti a Dio siamo puri o impuri non in ragione di ciò che mangiamo o tocchiamo, bensì in ragione di ciò che abita il nostro cuore, di ciò che il nostro cuore desidera e decide. Gesù chiede ai suoi discepoli una giustizia che non riguarda solo gli atti esteriori, quelli visibili a occhio nudo, ma concerne i movimenti interiori e la loro origine nel cuore.

Nel cuore dell'uomo abita la parola di Dio, come ci ricorda il Deuteronomio, nello stesso cuore vi è però anche l'istinto al male, quella "bestia accovacciata alla nostra porta" (cfr. Gen 4, 7), quell'impulso che ci spinge alla tentazione e vorrebbe indurci ad acconsentirle (cfr. Rm 7, 18-23). Proprio a questo livello deve avvenire quotidianamente la scelta tra un "cuore che ascolta" (*lev shomea*: 1Re 3, 9), che lotta per accogliere e far fruttificare la parola di Dio seminata in esso, e un cuore insensibile alla Parola, che cade inevitabilmente in quell'incredulità che il Nuovo Testamento, riprendendo la tradizione profetica, definisce "durezza di cuore" (*sklerokardía* cfr. Mt 19, 8; Mc 10, 5; 16, 14). È nel cuore che si decide se su di noi regna Dio, oppure regnano gli idoli impuri; se noi siamo in comunione con Dio e viviamo nella promessa di vederlo, oppure se siamo alienati alle passioni di potere e di consumo.

La purezza di cuore è determinata dalla pratica del comandamento dell'amore di Dio e del prossimo (cfr. Mc 12, 28-34), che trova la sua sintesi piena nel "comandamento nuovo": *Amatevi gli uni gli altri come io vi ho amati* (cfr. Gv 15, 12; Gv 13, 34).

D'altra parte bisogna guardarsi anche dal rischio di confondere un cuore puro con un cuore asettico, "sterilizzato" e immune dal peccato. Questa è l'illusoria purezza di chi si crede puro perché non ha il coraggio di vivere con passione.

No, il cuore puro è quello predisposto a essere costantemente purificato dal Signore, il solo puro, il solo santo (cfr. Gv 6, 69). Ricordiamo che Gesù è stato il puro di cuore, totalmente amante di Dio e degli uomini, radicalmente capace di comunione con il Padre e con quanti ha incontrato lungo il suo cammino; radicalmente capace di amare l'altro in modo sincero, cioè senza secondi fini, senza mai strumentalizzarlo, ma lasciandolo libero di rispondere o meno al suo amore. Con la sua intera vita egli ci ha insegnato in cosa consiste la vera purezza di cuore: in un cuore semplice (cfr. Mt 10, 16), cioè unito, non doppio, non diviso. È da questo cuore che possono scaturire comportamenti sinceri di amore e di comunione.

La purezza di cuore consente di "vedere Dio".

Nella condizione di purezza di cuore così intesa è possibile "vedere Dio": *Beati i puri di cuore, perché vedranno Dio*. Vedremo Dio nel Regno, nella vita eterna, ma già fin da ora, qui sulla terra, nella nostra vita cristiana è possibile vedere Dio in Gesù: vedere in Gesù Cristo non solo l'uomo Gesù di Nazaret, non solo il maestro spirituale o il profeta, ma vedere in lui Dio. Se noi cerchiamo instancabilmente Dio e invochiamo con sincerità: *Crea in me, o Dio, un cuore puro* (Sal 51, 12); se accettiamo di essere "lavorati" da Gesù nella preghiera e attraverso gli eventi della nostra vita, allora saremo purificati e potremo *gustare e vedere com'è buono il Signore* (cfr. Sal 34, 9). In definitiva, ci è chiesto solo di collaborare al lavoro della grazia, cioè dello Spirito Santo in noi; ci è chiesto di non resistere all'amore con cui Dio ci vuole attrarre a sé, offrendogli un cuore che ha la volontà di essere purificato; e di fare tutto questo attraverso Gesù Cristo, *l'immagine del Dio invisibile* (Col 1, 15). Gesù ha promesso che la sua parola annunciata ai discepoli ha il potere di renderli puri (cfr. Gv 15, 3).

7) *Beati gli operatori di pace, perché saranno chiamati figli di Dio.* La beatitudine degli operatori di pace riguarda, insieme con quella dei misericordiosi a differenza delle altre, non tanto una disposizione dell'animo, bensì un modo di agire; sono le due beatitudini dell'amore del prossimo fattivo. Gli operatori di pace sono coloro che mettono pace, seminano pace, lavorano per la pace, là dove c'è amarezza, divisione, conflitto, maldicenza. Del resto l'esperienza di ogni comunità (familiare, religiosa, di relazioni amicali, etc) evidenzia che è certamente un grande servizio aiutare le persone a vivere di buon accordo, è uno sforzo continuo e silenzioso ricucire gli strappi e camminare verso l'unità e la pace.

8) *Beati i perseguitati per la giustizia, perché di essi è il regno dei cieli.* Si tratta dell'ottava beatitudine strettamente legata alla successiva ed alla prima beatitudine. Chi rompe con la logica del mondo, chi non si conforma a questo secolo, paga tale rottura. Qui "giustizia" è probabilmente da intendersi come l'osservanza della legge cristiana, l'adesione a Cristo. Cito dagli Atti degli Apostoli: *È necessario attraversare molte tribolazioni per entrare nel regno di*

Dio (14, 22). Dunque, Gesù voleva che noi leggessimo la nostra beatitudine anche là dove si è maltrattati non per aver fatto il male, ma per aver fatto il bene.

9) *Beati voi quando v'insulteranno, vi perseguiteranno e, mentendo, diranno ogni sorta di male contro di voi per causa mia.* In maniera vivissima e singolare ha vissuto questa beatitudine san Paolo. Contrastato nel suo ministero, messo in difficoltà, imprigionato, battuto, scacciato dalle città, vedeva in questa situazione il segno della verità della sua missione. Dalla persecuzione stessa traeva la forza per andare avanti e continuare il cammino di proclamazione del mistero di Gesù: *Mi compiaccio nelle mie infermità, negli oltraggi, nelle necessità, nelle angosce, nelle persecuzioni sofferte per Cristo* (2 Cor 12, 10).

Le beatitudini sono intrecciate tra di loro, ci forniscono un modo nuovo di sentire, di vivere, di pensare, un quadro di riferimento che è quello di Gesù e della comunità primitiva.

Vorrei ora riprendere velocemente uno per uno i motivi di felicità che le beatitudini ci regalano:

– *Beati i poveri in spirito perché di essi è il regno dei cieli.* È il concetto dominante: la gioia della beatitudine deriva proprio dal fatto che il Regno è posseduto, è vissuto nella sua potenza d'amore trasformante da coloro che non vogliono conquistare se stessi e questo mondo ma si aprono ad essere conquistati da Dio che gli regalerà il mondo intero trasformato dal suo amore, il regno dei cieli.

– *Beati quelli che sono nel pianto, perché saranno consolati.* Quando Dio porrà fine alla morte e a tutto ciò che contraddice la vita in pienezza, lo farà con un gesto semplicissimo e così carico di amore per noi uomini: *egli asciugherà le lacrime da ogni volto* (cfr. Ap 21, 4). Le lacrime, linguaggio delicato e profondissimo dell'umano vivere, in modi diversi e che spesso sfuggono alla nostra comprensione, sono un'invocazione rivolta a Dio affinché egli ci dia consolazione risanando le nostre ferite, ci salvi e instauri per sempre e per tutti il suo Regno di pace e giustizia. Ecco perché, già qui e ora, le lacrime possono aprirsi alla consolazione, conducendoci alle soglie della beatitudine del mondo futuro, del regno eterno di Dio.

– *Beati i miti perché possederanno la terra.* I miti, i gentili, hanno il potere di cambiare la terra nella logica del Regno, per questo lo erediteranno: è la terra nella quale Dio sarà lodato e nella quale vi sarà perfetta giustizia. I miti erediteranno la terra perché saranno accolti in pienezza nella vita da Gesù.

– *Beati i puri di cuore perché vedranno Dio.* Lo vedranno pienamente in futuro, ma già adesso lo vedono e lo accolgono in Cristo Gesù.

– *Beati gli operatori di pace perché saranno chiamati figli di Dio.* La pace è dono di Dio, ed i figli si comportano come il Padre. Coloro che diffondono pace intorno a sé, quella pace che è dono divino, già vivono come figli nel Figlio Gesù.

– *Beati i perseguitati a causa della giustizia perché di essi è il regno dei cieli.* Il regno dei cieli, ricordate, è il premio che sottostà a tutte le altre forme di premio, perché le comprende tutte.

– *Beati voi quando v'insulteranno [...]. Rallegratevi ed esultate, perché grande è la vostra ricompensa nei cieli.* È veramente consolante la parola di Gesù che suggella le beatitudini, il suo invito alla gioia: *Rallegratevi ed esultate, perché grande è la vostra ricompensa nei cieli* (Mt 5,12). Una ricompensa che ha però il suo anticipo già nel nostro oggi. Nella misura in cui viviamo le beatitudini, infatti, pur con tutti i nostri limiti e i nostri peccati possiamo sperimentare già qui e ora la felicità che consiste nel vivere come Gesù, nel vivere come lui ha vissuto nella relazione con il Padre. Come ha scritto Gregorio di Nissa: *è lui che ti indica il tesoro, ed è lui stesso il tesoro per te.* È Gesù la nostra beatitudine.

Vorrei terminare richiamandovi una domanda che avete trovato nella scheda del primo deserto e che adesso potrebbe trovare una comprensione maggiore:

La gioia è la nota dominante della mia vita? mi considero fortunato\a, felice? sono contento\a? In altre parole, vivo questa parola del Vangelo, oppure il timbro delle mie giornate è la tristezza, l'amarezza, il grigiore, la *negligenza, il fare per fare, il tran tran, l'essere – come molti sono – in balìa degli stati d'animo? Ciò che vivo ha come fondo dominante la gioia?*

APPENDICE

I DESERTO

LA RICERCA DELLA FELICITÀ

a) Ricordati che Dio ti ha chiamato a vivere questo percorso di esercizi spirituali non per riprenderti o per correggere qualcosa di te, ma principalmente per "darti vita", per stringere la tua relazione con lui, per darti energia, per amarti di quel suo amore che non conosce ostacoli, che ti da gioia, forza e coraggio per scoprire, riprendere o perseguire il tuo progetto di vita.

b) Ricordati che Dio, in ogni deserto, vuole incontrarti per darti *gioia* e *consolazione*. Fermati dove senti che Dio muove il tuo cuore. Sii fedele, però, ai tempi di preghiera per riscoprire o trovare nella calma la volontà di Dio sulla tua vita.

c) Scoprire che in (Gv 15, 9-11) Gesù ci dice, in poche parole, un segreto, può cambiarci la vita: *Come il Padre ha amato me, anche io ho amato voi. Rimanete nel mio amore. Se osserverete i miei comandamenti, rimarrete nel mio amore, come io ho osservato i comandamenti del Padre mio e rimango nel suo amore. Vi ho detto queste cose perché la mia gioia sia in voi e la vostra gioia sia piena.*

d) La gioia è un vertice dell'esistenza. Nella gioia noi avvertiamo la POSITIVITÀ del vivere, che la vita vale la pena di essere vissuta. La vita in sé, per quel che è, non per quel che abbiamo, vale la pena di essere vissuta. Nasce la domanda: la gioia è la nota dominante della mia vita? Mi considero fortunato\a, felice? Sono contento\a? In altre parole, vivo questa parola del Vangelo, oppure il timbro delle mie giornate è la tristezza, l'amarezza, il grigiore, la negligenza, il fare per fare, il tran-tran, l'essere (come molti sono) in balìa degli stati d'animo? Ciò che vivo ha come fondo dominante la gioia?

e) La gioia la possiamo intendere come una rivelazione del senso della vita. Essa non è solo un sentimento, una condizione, ma è una specie di manifestazione del mondo, della vita in se stessa. Nella gioia c'è una scoperta che diviene per noi rivelazione: il mondo si manifesta a noi nella sua bellezza, che magari prima non vedevamo, ma a partire da quella prospettiva, da quell'evento, da quell'incontro ecco che s'illumina tutto. Con quali occhi guardi il mondo e te stesso\a?

f) Gesù, secondo te, ha vissuto una vita felice? Egli proclama che si può essere beati, felici, anche in una condizione di dolore, di difficoltà: le beatitudini sono la sua personale esperienza di gioia. Le difficoltà, le tristezze, gli insuccessi non vanno eliminati, vanno guardati con occhi evangelici. Il segreto della felicità di Gesù si situa nella sua relazione con il Padre che gli permette, nella preghiera, di integrare e trasformare anche i fallimenti e gli insuccessi Sono proprio questi momenti che ci "lavorano" come un flusso d'acqua, ci pongono delle resistenze che ci obbligano a fare un cammino, un lavoro su noi stessi, sono un'occasione per rendere il nostro cuore più simile a quello di Gesù. Accogli la realtà come possibilità di cambiamento in Dio, o la rifuggi?

g) *Gioisci o rallegrati!,* aveva detto l'angelo entrando, inatteso, nella casa e nella vita di Maria. La gioia è il segreto dei cristiani, la gioia è dono di Dio, chiedila! Senti anche per te la rassicurante parola che l'Arcangelo Gabriele dona a Maria: "*Non temere*" perché nulla è impossibile a Dio!

Il Deserto

La gioia di Gesù

a) Ricordati, sempre, che Dio vuole incontrarti per darti gioia e consolazione. Fermati dove senti che Dio tocca il tuo cuore, rimani sulle cose che muovono i tuoi sentimenti, che ti danno emozioni che solo Dio può suscitare. Si fedele ai tempi di preghiera.

b) La gioia ha sempre una relazione profonda con il senso (il significato) delle cose. La gioia riguarda, dunque, il senso della vita, del mondo, dell'essere al mondo, e quindi anche del soffrire e del morire. I Vangeli ci testimoniano che Gesù ha una direzione nel suo cammino, ha un senso profondo che indirizza il suo andare. Gesù ha scoperto la sua perla preziosa (identificandosi con essa) che è diventata la sua gioia, tanto da poterla narrare in modo potente, in modo efficace (cfr. Mt 13, 44-46).

c) Gesù con tutte le sue forze, con le sue parabole, ci dice che il senso, il valore profondo delle cose è già qui in mezzo a noi: si tratta di aprire gli occhi, di accogliere la realtà come presenza di Dio. Se si scopre il valore delle cose quotidiane, si scopre dov'è la presenza di Dio e così si entra davvero nella gioia. Gesù ci insegna a vivere pienamente il presente e a non rifugiarci nel futuro o nel passato; è nel presente che troviamo la gioia. Tu come vivi il presente?

d) Gesù sente grande gioia nel comprendere che il Padre rivela queste cose ai piccoli e non ai sapienti di questo modo (cfr. Lc 10, 21-22 \\ Mt 11, 25-27). Cosa ha appreso Gesù dal Padre che gli fa esplodere il cuore di gioia? Ricordiamo, innanzitutto, che nei Vangeli l'origine della gioia di Gesù è nell'esperienza d'amore, di sentirsi amato e di amare: *Come il Padre ha amato me anch'io ho amato voi, rimanete nel mio amore... vi ho detto queste cose perché la mia gioia sia in voi e la vostra gioia sia piena* (Gv 15, 9-10). Si tratta dell'esperienza di gioia grande, dove finalmente ci si sente al sicuro perché ci si sente amati. Sentirsi amati significa avere un valore talmente grande per qualcuno, che egli ti dice un "sì" incondizionato a tutto ciò che sei. Dal sentirsi amati nasce, poi, la conversione, il cambiamento.

e) Questo legame tra gioia e sentirsi amati lo troviamo in modo profondo nell'esperienza del battesimo di Gesù: *E venne una voce dal cielo: "Tu sei il Figlio mio, l'amato: in te ho posto la mia benevolenza".* (Mc 1, 9-11). Ecco dove si pacifica la ricerca, dove si trova la possibilità della gioia (*anche per chi vive nel "mai una gioia"*), sono amato\a, sono amato\a così come sono. Dio non ama quello che faccio, Dio ama me! Quando mi trovo all'interno di questa coscienza di fede, che io sono amato\a così come sono, trovo una forza straordinaria, posso spendere la mia vita senza alcun risentimento e paura. L'esperienza di essere amati è alla radice della profonda gioia di Gesù, ma anche della sua forza e della sua libertà. Da questo punto di vista possiamo comprendere, intuire, perché Gesù arriva a insegnare che la vera gioia consiste nel donare la propria vita (cfr. At 20, 35). Non si tratta di un dovere o di una prestazione. Ecco la vera libertà, la possibilità della gioia si trova in questo percepire che possiamo davvero donare la nostra vita, con la sicurezza e il sostegno dell'essere integralmente accettati e amati; possiamo perdere il nostro tempo, le nostre forze, le nostre energie per gli altri all'interno di questa esperienza d'amore che ci precede e ci avvolge. Qui siamo ad un vertice dell'esperienza di Gesù e quindi di ogni suo discepolo: *chi vuole salvare la propria vita, la perderà; ma chi perderà la propria vita per causa mia, la troverà* (Mt 16, 25). C'è una gioia in questo abbandonarsi, in questo aprirsi alla vita, alla realtà, che non ci fa perdere noi stessi, ma piuttosto è proprio il momento esatto in cui ci ritroviamo.

f) Nel Vangelo di Giovanni ascoltiamo Gesù che dice: *"Se rimanete nella mia parola, siete davvero miei discepoli; conoscerete la verità e la verità vi farà liberi"* (Gv 8, 31). Gesù ci rivela una verità che lui stesso ha vissuto, che ha orientato la sua vita, ha dato senso al suo esistere, una verità che vuole condividere con noi (*la mia gioia sia in voi... perché la vostra gioia sia piena.* cfr. Gv 15, 9-11), che può essere nostra nella relazione con lui, nell'essere con lui, nel rimanere con lui, una verità che ci rende liberi, pieni di gioia, una perla preziosa per cui vale la pena vendere tutto, una verità che ci sostiene anche nei momenti più difficili della vita: siamo amati, siamo figli amati da Dio e in Gesù lo sperimentiamo pienamente anche nei momenti difficili. Questa verità è un'esplosione di gioia, come lo è stato per Gesù, è una verità che non può essere estorta, strappata, posseduta, ma come ci dice lo stesso Gesù è rivelata ai piccoli, ai poveri, richiede spoliazione e affidamento. È una verità che tocca l'essenza del Creato, la sua forma prima, la sua legge fondamentale.

III DESERTO

DIO CI VUOLE FELICI

a) Per il terzo deserto solitamente non preparo alcuna scheda poiché oramai si è diventati abbastanza bravi. In più è meglio fare l'ultimo deserto tenendo conto dell'intero percorso fatto fino ad ora, come sintesi del corso di esercizi. Buona meditazione.

Printed by Books on Demand GmbH, Norderstedt / Germany